Let's meet Mrs. Good and the Cedar Valley Kids™!

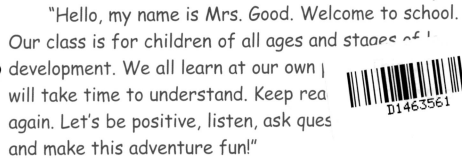

"Hello, my name is Mrs. Good. Welcome to school. Our class is for children of all ages and stages of [ ] development. We all learn at our own [ ] will take time to understand. Keep rea[ ] again. Let's be positive, listen, ask ques[ ] and make this adventure fun!"

Mrs. Good™

¡Conozcamos a la Sra. Good y los Cedar Valley Kids™!

"Hola, me llamo Sra. Good. Bienvenidos a la escuela. Nuestra clase es para niños de todas edades y fases de desarrollo de aprendizaje. Aprendemos a nuestro propio ritmo. Esta información tomará tiempo para entender. Léanla una y otra vez. ¡Vamos a ser positivos, escuchar, hacer preguntas y hacer que esta aventura sea divertida!"

Omar™   Bo™   Rafferty™   Amy™   Peek-a-Blue™

Tatiana™   Ricardo™

Visit us at www.cedarvalleypublishing.com and discover more about Mrs. Good and the Cedar Valley Kids™.

Visítenos en www.cedarvalleypublishing.com y descubra más sobre la Sra. Good y los Cedar Valley Kids™.

Let's say the alphabet!

Point to A and begin. Let's go slow.

UPPERCASE LETTERS

A B C D E F G H I J K L M
N O P Q R S T U V W X Y Z

lowercase letters

a b c d e f g h i j k l m
n o p q r s t u v w x y z

"Many children think L-M-N-O-P is one letter. Watch out!"

"Muchos niños creen que X-Y-Z son una sola letra. ¡Cuidado!"

¡Digamos el alfabeto!

Señala la A y comienza. Vayamos despacio.

LETRAS MAYÚSCULAS

A B C CH D E F G H I J K L LL
M N Ñ O P Q R S T U V W X Y Z

letras minúsculas

a b c ch d e f g h i j k
l ll m n ñ o p q r
s t u v w x y z

"Look at the letters CH ch, LL ll, y Ñ ñ. They are only used in the Spanish alphabet."

"Mira las letras CH ch, LL ll, y Ñ ñ que se utilizan solamente en el alfabeto español. ¡Qué sorpresa!"

Let's mix up the alphabet!

Find the letters in your name. What other letters can you find?

UPPERCASE LETTERS

B D X K J I T H O Q P Z A
E N W M C G F R V U L Y S

lowercase letters

n q p t x o b d z s
y m w c a k h r
g j i e v u f l

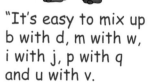

"It's easy to mix up
b with d, m with w,
i with j, p with q
and u with v.
Do your best!"

¡Mezclemos el alfabeto!

Busca las letras de tu nombre. ¿Qué otras letras puedes encontrar?

LETRAS MAYÚSCULAS

B D X K J I LL T H O Q P Z

A E N W CH M C G F R Ñ V

U L Y S

letras minúsculas

n q p t ll x o ch b d z

s y m w c a k h r g j

i e ñ v u f l

"Es fácil confundir la b con la d, la m con la w, la i con la j, la p con la q y la u con la v. ¡Hazlo lo mejor que puedas!"

Let's say each word!

What is the first letter sound you hear? Big A, little a, **a-a** ant.

Aa ant
hormiga

Bb bat
murciélago

Cc cat
gato

Dd dog
perro

Ee egg
huevo

Ff fox
zorro

Gg goat
cabra

Hh hat
sombrero

Ii igloo
iglú

Jj jam
mermelada

Kk kite
cometa

"Can you say another word that starts with each letter?
Big A, little a, **a-a** apple."

Ll lion
león

Mm moon
luna

Nn nut
nuez

Oo octopus
pulpo

Pp pig
cerdo

Qq queen
reina

Rr rat
rata

Ss sun
sol

Tt turtle
tortuga
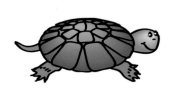

Uu umbrella
paraguas

Vv van
camioneta

Ww watch
reloj

Xx x-ray
rayo-x

Yy yo-yo
yo-yo

Zz zebra
cebra

"Now, let's find the vowels a, e, i, o and u highlighted in red."

¡Digamos cada palabra!

¿Cuál es el primer sonido de la letra que oyes? A mayúscula, a minúscula, **a-a** abeja.

Aa abeja
bee

Bb barco
boat

Cc conejo
rabbit

CHch chica
girl

Dd delfín
dolphin

Ee elefante
elephant

Ff flor
flower

Gg gato
cat

Hh huevo
egg

Ii iglú
igloo

Jj jaula
cage

Kk koala
koala

Ll león
lion

LLll llave
key

"¿Puedes decir otra palabra que empiece con cada letra?
A mayúscula, a minúscula, **a-a** azul."

Mm mermelada
jam

Nn nuez
nut

Ññ ñame
yam

Oo oso
bear

Pp pulpo
octopus

Qq queso
cheese

Rr rata
rat

Ss sol
sun

Tt tortuga
turtle

Uu uvas
grapes

Vv violín
violin

Ww wapití
elk

Xx xilófono
xylophone

Yy yo-yo
yo-yo

Zz zorro
fox

"Ahora vamos a buscar las vocales
a, e, i, o y u resaltadas en rojo."

Let's learn more words!
¡Aprendamos más palabras!

me mí

the el/la   a · un/una   that · ese/esa

from · de   no · no   yes · sí   I · yo   you · tú

we · nosotros   he · él   she · ella   for · para/por

at · a   this · este/esta   in · en   where? · ¿dónde?

who? · ¿quién?   what? · ¿qué?   when? · ¿cuándo?

why? · ¿por qué?   how? · ¿cómo?   which? · ¿cuál?

can · puedes   look · mira   make · haz

write · escribe   I want · quiero

hello · hola   good-bye · adiós

"These are frequently used words."
"Estas son palabras usadas a menudo."

Let's pronounce some words!
¡Pronunciemos algunas palabras!

 dog · perro
pay-roh

 moon · luna
loo-nah

 turtle · tortuga
tor-**too**-gah

 blue · azul
ah-**sool**

 hat · sombrero
sohm-**bray**-roh

 boat · barco
bar-koh

 cat · gato
gah-toh

 boy · niño
nee-nyoh

 star · estrella
ace-**tray**-yah

 grapes · uvas
oo-bahs

"Can you find some of these words on other pages?"
"¿Puedes encontrar algunas de estas palabras en otras páginas?"

Let's say opposites!
¡Digamos los opuestos!

big grande

little pequeño

fast rápido

slow lento

cold frío

hot caliente

happy feliz

sad triste

"Can you name another pair of opposites? Terrific!"
"¿Puedes nombrar otro par de opuestos? ¡Fantástico!"

Let's name the seasons!
¡Nombremos las estaciones!

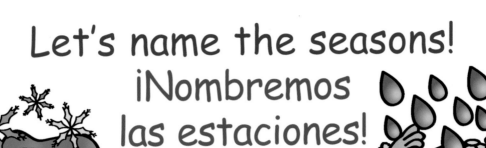

Winter
invierno

Spring
primavera

Summer
verano

Fall/Autumn
otoño

"What do you wear each season? Spectacular!"
"¿Qué ropa usas en cada estación? ¡Espectacular!"

Let's rhyme!
¡Aprendamos a rimar!

cat ·········· hat
gato   sombrero

pig ·········· wig
cerdo   peluca

gato ·········· pato
cat   duck

niña ·········· piña
girl   pineapple

"The middle and ending sound make a rhyme.
Words that rhyme in one lauguage, don't always rhyme in another!"
"El sonido en el medio y en el final riman. ¡Las palabras que riman
en un idioma, no siempre riman en otro!"

Let's say positional words!
¡Digamos palabras de posiciones!

up arriba

down abajo

far from
lejos de

close to cerca de

over
encima

in back of
detrás de

under debajo

in front of
delante de

"Positional words let you know where something
is located. My glasses are above my nose. Right on!"
"Las palabras de posiciones permiten que sepas dónde
está algo. Mis lentes están por encima de mi nariz. ¡Eso es!"

Let's read a story!
Hippo Plants a Seed
Author: I. M. Hippo

Hippo planted a seed. He watered the seed.
The seed grew into a beautiful flower.

Beginning
Hippo planted a seed.

Middle
He watered the seed.

End
The seed grew into
a beautiful flower.

"Can you tell what happened in the beginning, middle and end?"

¡Leamos un cuento!
El hipopótamo planta una semilla
Autor: Hipopótamo

El hipopótamo plantó una semilla. Regó la semilla.
La semilla se convirtió en una bella flor.

Inicio	Mitad	Fin
El hipopótamo plantó una semilla.	Regó la semilla.	La semilla se convirtió en una bella flor.

"¿Puedes decir qué pasó en el inicio, en la mitad y en el fin?"

Let's name colors!
¡Nombremos los colores!

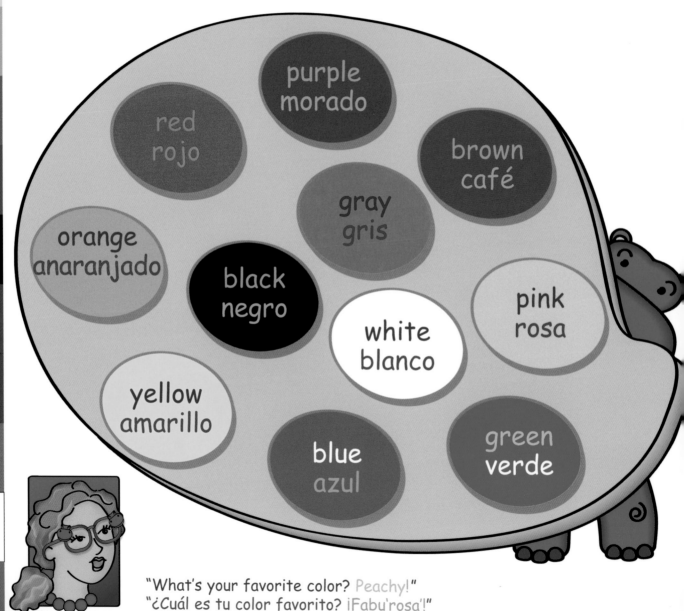

red
rojo

purple
morado

brown
café

gray
gris

orange
anaranjado

black
negro

white
blanco

pink
rosa

yellow
amarillo

blue
azul

green
verde

"What's your favorite color? Peachy!"
"¿Cuál es tu color favorito? ¡Fabu'rosa'!"

Let's name shapes!
¡Nombremos las formas!

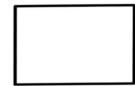

circle
círculo

diamond
diamante

rectangle
rectángulo

hexagon
hexágono

star
estrella

heart
corazón

triangle
triángulo

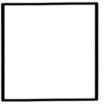

oval
óvalo

square
cuadrado

octagon
octágono

"Color your favorite shape. You're a star!"
"Colorea tu forma favorita. ¡Eres una estrella!"

Please use dry erase markers only. Wipe off with a tissue.
Por favor, usa sólo los marcadores de borrado en seco. Limpia con un pañuelo.

Let's say some numbers!
¡Digamos algunos números!

Let's count! ¡Contemos!

0 1 2 3 4 5 6 7 8 9
10 11 12 13 14 15 16 17 18 19
20 21 22 23 24 25 26 27 28 29
30

"Magnificent!"
"¡Magnífico!"

Let's mix up some numbers!
¡Mezclemos algunos números!

How old are you? Can you find that number?
¿Cuántos años tienes? ¿Puedes encontrar ese número?

7 2 4 9 5 3 0 1 6 8

15 19 10 17 12 18 11 14 16 13

30 21 27   29 23 26

22 25 28   20 24

"Way to go!"
"¡Así se hace!"

Let's count!

Let's point and say each number and word.

0 zero

1 one

2 two

3 three

4 four

5 five

6 six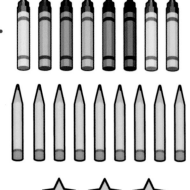

7 seven

8 eight

9 nine

10 ten

"Did you know numbers can be words?"
"¿Sabías que los números pueden ser palabras?"

¡Contemos!

Señalemos y digamos cada número y palabra.

0 cero
say-roh

5 cinco
seen-koh
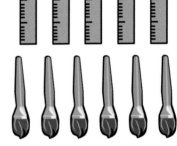

1 uno
oo-noh

6 seis
sace

2 dos
dos
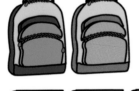

7 siete
see-**ay**-tay

3 tres
trace

8 ocho
oh-choh
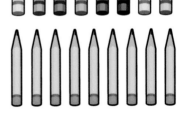

4 cuatro
kwah-troh

9 nueve
nway-bay

10 diez
dee-**ace**

"Can you see how the Spanish words are different than in English?"
"¿Puedes ver cómo las palabras en español son diferentes a las de inglés?"

Let's count to 100!
¡Contemos hasta 100!

0	1	2	3	4	5	6	7	8	9
10	11	12	13	14	15	16	17	18	19
20	21	22	23	24	25	26	27	28	29
30	31	32	33	34	35	36	37	38	39
40	41	42	43	44	45	46	47	48	49
50	51	52	53	54	55	56	57	58	59
60	61	62	63	64	65	66	67	68	69
70	71	72	73	74	75	76	77	78	79
80	81	82	83	84	85	86	87	88	89
90	91	92	93	94	95	96	97	98	99
100									

"Can you count by 10s starting with zero?"
"¿Puedes contar de 10 en 10 empezando con cero?"

Let's skip count!
¡Contemos saltando números!

By 10s: De 10 en 10:

10 20 30 40 50 60 70 80 90 100

By 5s: De 5 en 5:

5 10 15 20 25 30 35 40 45 50

By 2s: De 2 en 2:

2 4 6 8 10 12 14 16 18 20

"Can you skip and count at the same time? Impressive!"
"¿Puedes contar y saltarte los números a la vez? ¡Impresionante!"

Let's tell time!
¡Digamos la hora!

The short hand tells the hour. The long hand tells the minute. Let's point to the clocks and tell the time.

La manecilla corta indica las horas. La manecilla larga indica los minutos. Señalemos los relojes y digamos la hora.

8 o'clock
Son las ocho

12 o'clock (noon)
Son las doce
(del mediodía)

1 o'clock
Es la una

8 o'clock
Son las ocho

"What do you do at 8:00 am, 12:00 pm (noon), 1:00 pm and 8:00 pm? Tick-tock, you rock!"
"¿Qué haces a las 8:00 de la mañana, a las 12:00 del mediodía, a la 1:00 de la tarde y a las 8:00 de la noche? ¡Tictac, dijo el reloj!"

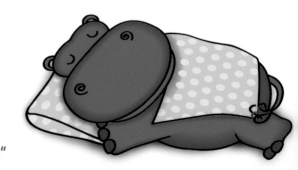

Let's look at money!
¡Veamos ahora el dinero!

1¢   penny
un centavo

5¢   nickel
cinco centavos

10¢   dime
diez centavos

25¢   quarter
veinticinco centavos

$1.00   dollar
un dólar

"Money in other countries
has different names."
"El dinero en otros países
tiene nombres diferentes."

Let's find your left hand!
¡Encontremos tu mano izquierda!

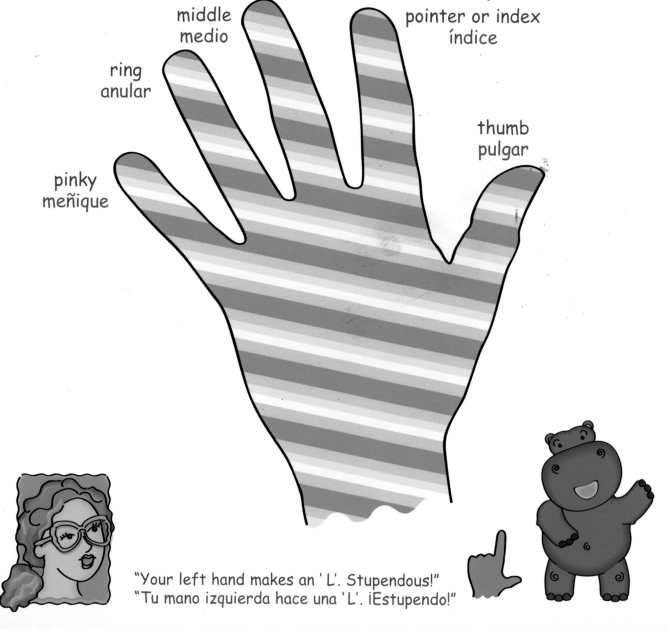

middle
medio

pointer or index
índice

ring
anular

thumb
pulgar

pinky
meñique

"Your left hand makes an 'L'. Stupendous!"
"Tu mano izquierda hace una 'L'. ¡Estupendo!"

Let's find your right hand!
¡Encontremos tu mano derecha!

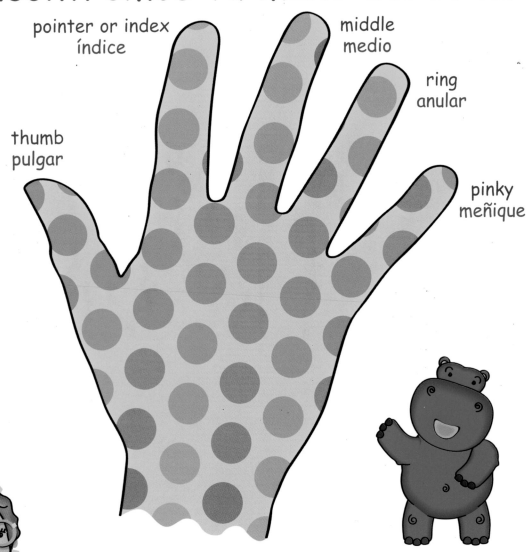

pointer or index
índice

middle
medio

ring
anular

thumb
pulgar

pinky
meñique

"Is your hand the same color or a different color? High five!"
"¿Es tu mano del mismo color o diferente? ¡Chócalas!"

Let's find your body parts!
¡Encontremos tus partes del cuerpo!

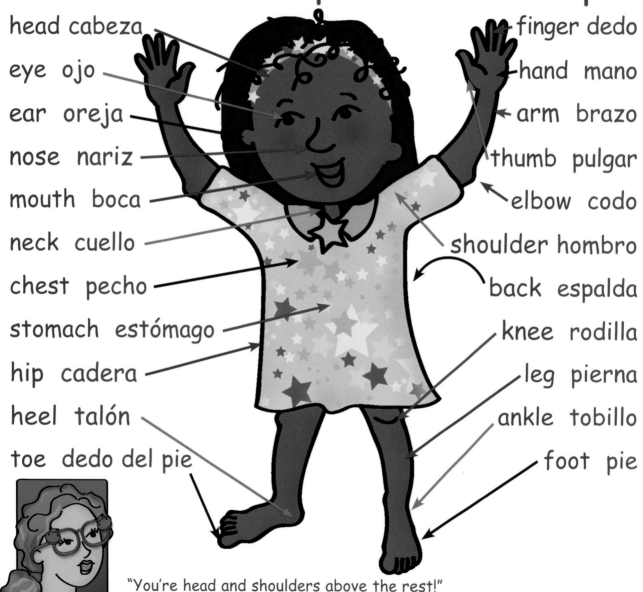

head cabeza

eye ojo

ear oreja

nose nariz

mouth boca

neck cuello

chest pecho

stomach estómago

hip cadera

heel talón

toe dedo del pie

finger dedo

hand mano

arm brazo

thumb pulgar

elbow codo

shoulder hombro

back espalda

knee rodilla

leg pierna

ankle tobillo

foot pie

"You're head and shoulders above the rest!"
"¡Estás a la cabeza de los demás!"

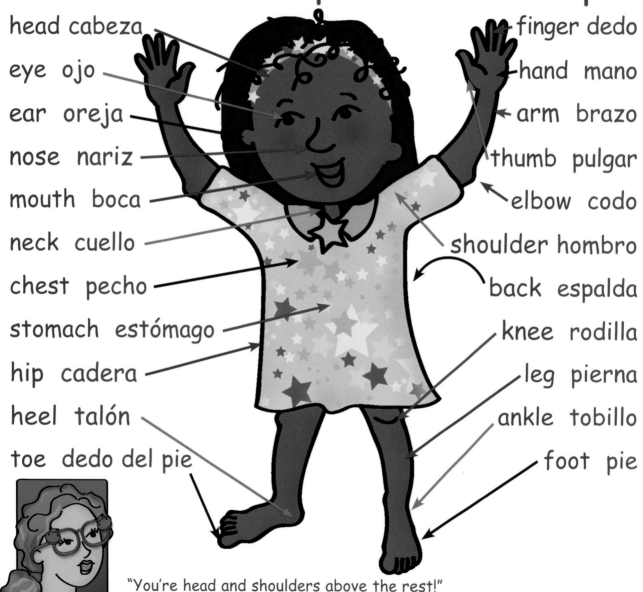

Let's name your five senses!
¡Nombremos tus cinco sentidos!

sight vista

sound oído

taste gusto

smell olfato

touch tacto

"Hippo-licious!"
"¡Hipo-licioso!"

Let's make a calendar!

Let's say the months of the year. Let's say the days of the week.

| January |
| February |
| March |
| April |
| May |
| June |
| July |
| August |
| September |
| October |
| November |
| December |

Let's make a calendar!

Month:				Year:		
Sunday	Monday	Tuesday	Wednesday	Thursday	Friday	Saturday

Please use dry erase markers only. Wipe off with a tissue.

"Write in the month of your birthday. Now fill in the year and numbers to complete the calendar. Happy Birthday!"
"Escribe el mes de tu cumpleaños. Ahora escribe el año y los números para completar el calendario. ¡Feliz cumpleaños!"

¡Hagamos un calendario!

Digamos los meses del año. Digamos los días de la semana.

enero
febrero
marzo
abril
mayo
junio
julio
agosto
septiembre
octubre
noviembre
diciembre

Mes: _____ **Año:** _____

lunes	martes	miércoles	jueves	viernes	sábado	domingo
			4	5	6	7
8	9	10	11	12	13	14
15	16	17	18	19	20	
22	23	24		26	27	28
2	30	31				

Por favor, usa sólo los marcadores de
borrado en seco. Limpia con un pañuelo.

"Look, look... in Spanish months and days of the week are
not capitalized, and the calendar week begins on Monday."
"Mira, mira... en español los días de la semana y los meses no
usan mayúsculas, y la semana del calendario comienza el lunes."

Let's practice! ¡Practiquemos!

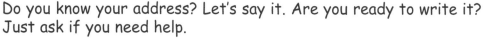

Do you know your full name? Let's say it. Are you ready to write it?
¿Sabes tu nombre completo? Digámoslo. ¿Estás listo para escribirlo?

Name/Nombre

Do you know your address? Let's say it. Are you ready to write it?
Just ask if you need help.
¿Sabes tu dirección? Digámosla. ¿Estás listo para escribirla?
Simplemente pregunta si necesitas ayuda.

Address/Dirección

Do you know your telephone number? Let's say it. Are you ready to write it?
¿Sabes tu número de teléfono? Digámoslo. ¿Estás listo para escribirlo?

Telephone Number/Número de teléfono

"Practicing with you is so much fun!"
"¡Practicar contigo es muy divertido!"

Let's dial your telephone number!
¡Marquemos tu número de teléfono!

Practice on our telephone page.
Practica en nuestra página telefónica.

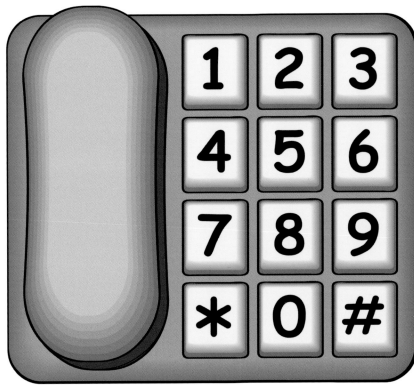

"Discuss how to use a real phone and
what to do in an emergency. Thank you."
"Habla de cómo usar un teléfono y qué
hacer en una emergencia. Gracias."

Let's doodle, silly noodle!
¡Hagamos garabatos!

Let's look at the five stages of writing!
¡Miremos las cinco etapas de escribir!

Drawing/Scribbling Dibujar/Garabatear	• Drawing and scribbling with meaning • Dibujar y garabatear con significado
Random letters	• Some scribbles that are beginning to look like letters
Letras al azar	• Algunos garabatos comienzan a parecerse a las letras
Copying print Copiar la letra de molde	• Copying letters and words • Copiar las letras y palabras
Phonetic spelling	• Printing the sounds heard and inventive spelling
Ortografía fonética	• Escribir los sonidos oídos y ortografía inventiva
Standard spelling	• Moving from phonetic spelling to standard spelling
Ortografía estándar	• Pasar de la ortografía fonética a la ortografía estándar

A p WL N

With me
muZEAM

Anoche fui a la casa
de mis abuelitos.

Last night I went to
Grandma and Grandpa's